AF358110

TABLEAU

DE

FRAGONARD

(JEAN-HONORÉ)

NOTICE

D'UN TABLEAU

DE

FRAGONARD

(JEAN-HONORÉ)

DONT LA VENTE AURA LIEU A PARIS

HOTEL DROUOT, SALLE N° 7

LE VENDREDI 29 MAI 1914

A trois heures et demie

COMMISSAIRE-PRISEUR
Me André DESVOUGES
Successeur de M. Maurice DELESTRE
Rue de la Grange-Batelière, 26

EXPERT
M. Georges SORTAIS, Peintre
Expert près le Tribunal de la Seine
Rue Scribe, 11

EXPOSITION PUBLIQUE

Le Jeudi 28 Mai 1914, de deux heures à six heures

CONDITIONS DE LA VENTE

Elle sera faite au comptant.

L'acquéreur paiera *dix pour cent* en sus des enchères.

Paris. — Imp. [illegible] Vente [illegible] Bureau, 16, rue de la Victoire.

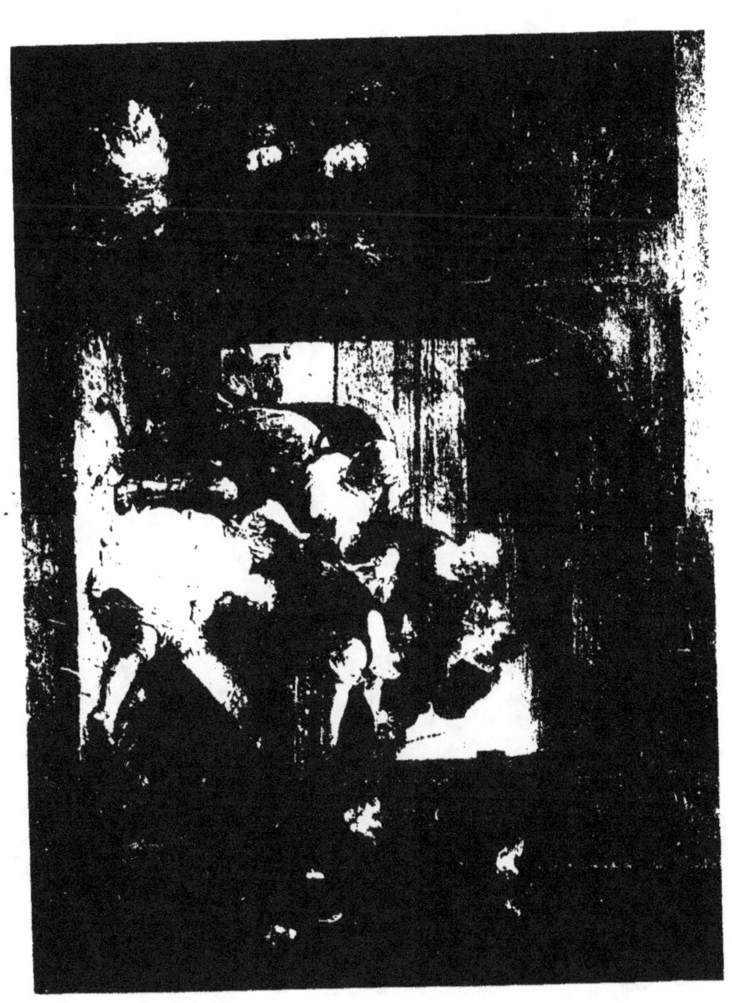

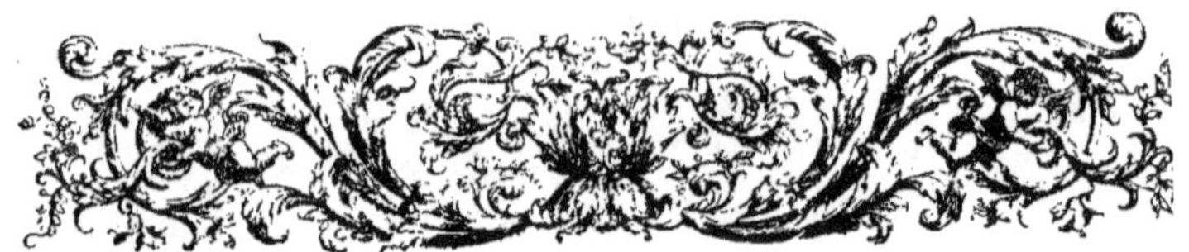

FRAGONARD

JEAN-HONORÉ

Grasse, 1732. — Paris, 1806.

Jésus chassant les Marchands du Temple

Sur les marches du Temple, Jésus, suivi de ses apôtres, se précipite et frappe violemment d'une corde un marchand tombé à terre et tenant près de lui des sacs d'argent; derrière, une marchande de volailles, effrayée, s'enfuit en emportant une cage d'où s'échappent des pigeons blancs; à droite, derrière un pilastre, des gens se sauvent tandis qu'à gauche un pâtre et une petite fille fuient épouvantés, précédés de leurs moutons.

Toile. Haut., 49 cent.; larg., 67 cent. 1 2.

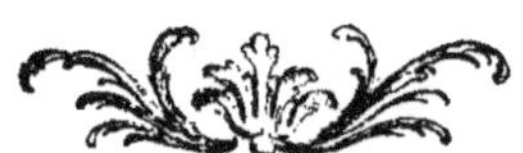